MÉTHODE

POUR APPRENDRE, SANS L'ASSISTANCE D'UN MAITRE,

LA LECTURE, LA PRONONCIATION

ET L'ORTHOGRAPHE,

SUIVIE

D'ALPHABETS SPÉCIAUX

POUR LES SOURDS-MUETS,

POUR LES AVEUGLES ET POUR LES SOURDS-MUETS AVEUGLES

PAR

AUG. GROSSELIN

Ex-sténographe reviseur du Moniteur universel,
Auteur de la Phono-sténographie, de la Mnémonique par les images et les couleurs,
de la Tonographie, etc.

Prix : 1 fr. 50.

PARIS,

L'AUTEUR, rue Serpente, n° 25.

HACHETTE, rue Pierre-Sarrasin, n° 14.

MÉTHODE

POUR APPRENDRE, SANS L'ASSISTANCE D'UN MAITRE,

LA LECTURE, LA PRONONCIATION

ET L'ORTHOGRAPHE,

SUIVIE

D'ALPHABETS SPÉCIAUX

POUR LES SOURDS-MUETS,

POUR LES AVEUGLES ET POUR LES SOURDS-MUETS AVEUGLES

PAR

AUG. GROSSELIN

Ex-sténographe-réviseur du *Moniteur universel,*
Auteur de la Phono-sténographie, de la Mnémonique par les images et les couleurs,
de la Tonographie, etc.

Prix : 1 fr. 50.

PARIS,

L'AUTEUR, rue Serpente, n° 25.

HACHETTE, rue Pierre-Sarrazin, n° 14.

1854

Paris. — Imprimerie d'E. Duverger, rue des Gies, 11.

PRÉFACE.

La lecture, ce moyen puissant de civilisation qui met en rapport, non-seulement les hommes d'une même génération, mais les générations elles-mêmes, est, sans contredit, l'un des arts les plus difficiles; cette difficulté tient aux différences qui existent entre l'écriture et la parole. Cependant, comme cet art est la clef de tous les autres enseignements, c'est celui auquel il faut tout d'abord initier les enfants. Mais de combien de larmes pour eux, de combien d'impatiences pour leurs parents et leurs instituteurs, l'étude de la lecture est-elle la cause !

Ce qui prouve toutefois que ce n'est pas la lecture en elle-même qui rebute les enfants, c'est l'ardeur avec laquelle ils apprennent cette autre espèce de signes des idées, la parole.

Presque tous les enfants commencent à parler dès l'âge de deux ans, et, même dans cet âge si tendre, la parole semble pour eux un amusement. Après les demandes qui ont pour objet la satisfaction de ses besoins physiques, le premier désir qu'un enfant témoigne à sa mère, c'est d'entendre, pour les répéter après elle, les noms des objets qui se présentent à ses regards.

Cette jeune intelligence qui saisit avec tant de facilité le rapport entre les idées et leurs signes oraux, est-elle donc incapable de saisir le rapport entre ces mêmes idées et leurs signes visuels? Non sans doute, si les seconds signes ont la simplicité des premiers.

Un grand nombre de méthodes ont été inventées pour rendre la lecture plus facile et plus attrayante. Au premier rang de ces méthodes se distingue celle de M. Jomard, membre de l'Institut, l'un des présidents honoraires de la Société pour l'instruction élémentaire, qui a voulu apporter son tribut à l'enseignement des petits enfants. La méthode de M. Jomard consiste dans un classement si rationnel et si logique des syllabes et des mots, qu'elle conduit l'enfant, par des degrés insensibles, des mots les plus faciles à lire aux mots les plus difficiles.

C'est vers un autre côté de ce sujet si intéressant que j'ai dirigé mes efforts. Dans l'enseignement de la lecture, il n'y a pas seulement à considérer l'intérêt de l'enfant. On fait beaucoup sans doute quand on lui rend la lecture plus facile et plus attrayante; mais il faut travailler aussi à diminuer les fatigues et les ennuis que cet enseignement impose aux instituteurs et aux mères de famille qui veulent elles-mêmes ouvrir à leurs enfants cette première porte de la science.

Il m'a semblé que le problème ainsi posé serait résolu par une méthode qui permettrait à l'enfant d'apprendre à lire, comme il apprend à dessiner, à écrire, à calculer, à exercer sa mémoire, c'est-à-dire sans avoir constamment un maître à côté de lui pour le reprendre et le corriger.

S'agit-il en effet de l'écriture et du dessin, l'enfant peut s'assurer lui-même s'il a reproduit fidèlement le modèle qui est sous ses yeux. S'agit-il du calcul, il reconnaît l'exactitude d'une addition, d'une soustraction, d'une multiplication, d'une division à l'aide des preuves correspondant à chacune de ces quatre opérations fondamentales de l'arithmétique. Faut-il apprendre par cœur une fable, une leçon de grammaire, d'histoire, de géographie, il a toujours un guide, un type, un contrôle à sa disposition : c'est le texte de son livre.

Ce guide, ce type, ce contrôle, l'enfant en est privé quand il s'agit d'apprendre à lire. Il les trouvera dans la phono-sténographie, écriture qui, à la rapidité de la sténographie, joint l'avantage de peindre fidèlement les sons de toutes les langues.

Une écriture phonétique est, pour le langage ce que les notes sont pour la musique. Celles-ci permettent aux voix et aux instruments de répéter fidèlement la partition du compositeur ; des signes exprimant chacun un son parfaitement déterminé et toujours le même, produiront nécessairement l'uniformité de prononciation.

L'alphabet phono-sténographique, par la simplicité des caractères dont il se compose, par l'analogie de ces caractères avec les formes des organes de la parole, se grave en quelques heures dans la mémoire des enfants les moins intelligents ; et, cet alphabet une fois connu, on peut immédiatement lire, prononcer et orthographier l'écriture à laquelle il sert de base.

Les caractères de cet alphabet, différents de ceux qu'emploie l'écriture usuelle, n'ont pas le grave inconvénient, justement reproché à la tentative ancienne de M. Marle, à la tentative récente de M. Feline, de faire apparaître aux yeux des mots défigurés et contrefaits.

La seule leçon qu'il soit nécessaire de donner à l'enfant consiste à lui apprendre la signification d'une trentaine d'images.

Ces images lui servent ensuite à apprendre la valeur des signes phonétiques.

Une fois en possession de ce nouvel alphabet, l'enfant peut, au moyen de traductions interlinéaires ou marginales, s'exercer à lire, seul et sans maître, toute espèce de livres, soit imprimés soit manuscrits. Il peut s'exercer également à la lecture et à la prononciation des langues étrangères.

Une écriture phonétique n'est pas seulement propre à initier l'enfant à l'art de lire et de prononcer; elle est encore le moyen de lui faire apprendre l'orthographe sans recourir au procédé de la dictée. Dès que l'enfant connaît la valeur des signes phonétiques, il copie, en se servant de ces signes, quelques pages d'un livre; le lendemain ou plusieurs jours après, il traduit ces pages en écriture usuelle; et comme les signes phonétiques sont la représentation fidèle de la prononciation, ce second travail est pour l'enfant l'équivalent exact d'une dictée qui lui serait faite par le maître. Le livre étant remis de nouveau entre les mains de l'enfant, il corrige lui-même les fautes qui lui sont échappées.

Parlerai-je maintenant de l'utilité qu'il y a pour les jeunes gens, à être exercés de bonne heure à la pratique d'une écriture qui peut rivaliser de vitesse avec la parole? Dirai-je que la nécessité d'écrire des devoirs occasionnant une très grande perte de temps, l'emploi de la sténographie, qu'on s'étonne à juste titre de ne pas voir introduire dans l'enseignement public, et que j'oserais presque appeler la machine à vapeur appliquée à l'écriture, permettrait de doubler, sans fatigue et sans ennui, l'instruction de l'enfance et de la jeunesse.

Le but auquel je tends, en publiant cette nouvelle méthode, c'est que la lecture, la prononciation, l'orthographe et la sténographie deviennent, comme la parole l'est déjà, un amusement pour l'enfance. Puissé-je l'atteindre! Ma plus douce récompense sera d'épargner à ces êtres si dignes d'intérêt et de sympathie, non-seulement bien des pleurs, mais encore ce dégoût de l'étude, conséquence presque inévitable des difficultés contre lesquelles viennent se heurter leurs premiers pas, dans l'enseignement littéraire.

Ce sera également pour moi une vive satisfaction, si ma méthode de lecture attrayante inspire à un plus grand nombre de mères de famille le désir de donner elles-mêmes cette première instruction à leurs enfants.

Cette méthode applicable pour de très jeunes enfants l'est à plus forte raison pour les adultes. Beaucoup d'ouvriers et de cultivateurs désirent donner à leur jeunesse, et même à leur âge mûr, l'instruction dont on a négligé de doter leur enfance. Dans les heures de loisir que leur laisse le travail de chaque jour, et qui ne concordent pas toujours avec les heures des cours publics, ils pourront désormais étudier chez eux et sans maître la lecture et l'orthographe.

La méthode a encore un avantage que je recommande aux auteurs amis de l'enfance. En composant pour les enfants des lectures instructives et morales, ils resteront sans doute obligés de graduer ces lectures selon l'intelligence de leurs jeunes lecteurs ; mais ils n'auront plus à se préoccuper des difficultés matérielles résultant de la différence entre la langue parlée et la langue écrite. Lorsque l'enfant rencontrera une de ces difficultés, il pourra la surmonter lui-même en consultant la traduction phonétique.

MÉTHODE DE LECTURE.

1re PARTIE.

POUR LES PARENTS ET LES INSTITUTEURS.

ALPHABET PHONO-STÉNOGRAPHIQUE.

L'alphabet phono-sténographique, destiné à aider un jour le jeune homme à recueillir les leçons du haut enseignement, est la peinture exacte des sons de la voix; comme tel il est la base d'une méthode nouvelle de lecture pour les enfants.

Non-seulement les signes dont cet alphabet est composé sont aussi simples que possible, mais ils ont l'avantage de présenter à l'œil une certaine analogie avec la partie de l'organe vocal mise en jeu pour la prononciation de chaque lettre.

Ainsi le signe ⌣, qui rappelle la forme d'une lèvre vue de profil, la ligne droite ═, qui est l'élé-

ment constitutif de la forme des dents, le demi-
cercle ⌣, qui figure assez exactement, soit l'extré-
mité de la langue, soit les inflexions de cet organe
dans l'acte de la parole, représentent par leur posi-
tion verticale, oblique ou horizontale, et par leur
plus ou moins grande ténuité, savoir :

Le signe ⌣, les consonnes labiales *b-p, v-f, m* ;

La ligne droite —, les consonnes dentales *d-t,
z-s, j-ch* ;

Le demi-cercle ⌣, les consonnes linguales *g-k,
n-gn, l-ll, r*.

Les signes O o o. représentent les voyelles labiales *a-â, o-ô, ou, u*, pour l'émission desquelles
l'ouverture des lèvres va en diminuant depuis leur
plus grand écartement qui produit l'*a*, jusqu'à leur
fermeture presque entière qui produit l'*u*.

Le petit trait - et la cédille ⌣, prenant comme
la ligne droite diverses positions et divers dégrés
de ténuité, représentent, l'un les voyelles *e-eu, é-è,
i-ye*, qui se prononcent entre les dents, l'autre les
voyelles linguales ou nasales *an, on, in, un*.

Voir planche 2 toutes les lettres de l'alphabet
phono-sténographique avec leur valeur en lettres
de l'alphabet usuel.

Les images (planche 1), qui sont la clef de l'enseignement de la lecture, sont divisées en deux sé-
ries correspondant aux deux grandes divisions des
lettres : les VOYELLES et les CONSONNES.

Voici les exercices au moyen desquels l'enfant apprendra en très peu de temps à lire l'écriture phonétique.

1ᵉʳ EXERCICE.

On apprend à l'élève les noms des objets représentés par les images. Voici ces noms :

VOYELLES. *Hamac, âne, homme, autel, houlette, hutte, œil, œufs, échelle, aile, île, yeux, ange, ombrelle, incendie, un.*

CONSONNES. *Jambe, coupe, fève, touffe, pomme, mappemonde, tête, cerise, anse, cage, hache, bague, coq, chaîne, cygne, malle, feuille, tour.*

2ᵉ EXERCICE.

Les images restant sous les yeux de l'élève, on lui montre, en les prononçant sans épellation, mais avec un petit repos de la voix, les caractères phonétiques correspondant à chacune des images.

Ainsi l'on dit et l'élève répète : *a-mac, â-n*, etc., etc.

On remarquera que dans l'exercice destiné à l'étude des voyelles, la première lettre des mots représente la voyelle dont l'enfant doit apprendre le signe phonétique. Dans l'exercice relatif aux consonnes, c'est au contraire sur la dernière lettre que son attention doit être appelée.

3er EXERCICE.

On cache les images aux regards de l'enfant et on lui fait lire les noms, toujours sans épellation.

L'élève peut s'exercer lui-même à la lecture de ces mots. Les images lui serviront à s'assurer s'il les a bien ou mal lus ; car s'il les a mal lus, ces mots ne seront plus les noms exacts des images dont il a appris la signification dans le premier exercice.

On rendra cet exercice plus amusant encore pour l'enfant en lui donnant de petits cartons qui portent d'un côté l'image, de l'autre le nom de l'image en écriture phonétique et en écriture usuelle.

4e EXERCICE.

Le maître prononce les différentes lettres, voyelles ou consonnes, et l'élève les indique du doigt dans les mots où elles se rencontrent.

5e EXERCICE.

On écrit sur un tableau noir ou sur du papier d'abord des mots très courts, puis des mots plus longs, en choisissant les mots représentatifs d'idées que l'élève possède déjà ou qu'il est facile de lui donner, et on fait lire ces mots à l'élève.

Cet exercice n'ayant d'autre objet que de familiariser l'élève avec les caractères phonétiques, on doit se servir uniquement de ces caractères, et écrire, par conséquent, les mots *bas, beau, boue, bœuf, banc,* tels qu'ils se prononcent, c'est-à-dire avec les caractères phonétiques qui prononcés produiront *bá, bô, bou, beu, ban.*

Ce cinquième exercice peut se faire avec les cahiers de lecture dont je vais parler.

CAHIERS DE LECTURE.

L'élève arrivera très-promptement à lire l'écriture phonétique, puisque cette écriture ne se compose que de lettres ayant un son bien déterminé et toujours le même pour chaque lettre. On pourra dès lors lui mettre entre les mains les cahiers de lecture, ceux qui ne renferment que des mots isolés, comme ceux qui renferment les premières notions morales et instructives.

C'est en se servant des cahiers, en écriture phonétique, comme guide et comme contrôle que l'enfant pourra se préparer, sans l'assistance d'un maître, à lire couramment les cahiers en écriture usuelle.

Il pourra également étudier l'orthographe, sans l'assistance d'un maître, en lisant des mots en écriture phonétique, et en se demandant comment il écrirait ces mots orthographiquement.

Dans ces deux sortes d'exercices, les enfants qui

sont doués d'un grand esprit d'observation dédui-
ront facilement des exemples mis sous leurs yeux
toutes les règles de lecture, de prononciation,
d'orthographe, et les exceptions à ces règles.

Le maître n'interviendra plus dans l'enseignement de la lecture que pour faire lire à son élève ce
que celui-ci aura préalablement étudié seul.

Si la méthode est appliquée à l'enseignement de
plusieurs enfants, après que ces enfants se seront
préparés seuls à lire une ou plusieurs pages de
leurs cahiers, le maître les fera lire chacun à leur
tour, l'un d'eux lisant tout haut, tandis que les
autres suivront sur leur cahier.

Pour la leçon d'orthographe, les élèves devront
n'avoir entre les mains que les cahiers en écriture
phonétique; et le maître leur demandera, également chacun à leur tour, de quelles lettres se com-
posent les mots, écrits sur ces cahiers, ainsi que je
l'ai dit, non pas tels qu'ils s'orthographient, mais
tels qu'ils se prononcent.

La sténographie n'ayant pour objet, dans ce petit
ouvrage, que de faciliter l'étude de la lecture, j'ai
fait graver distinctement et séparément les lettres
dont chaque mot se compose. Quand on voudra se
servir de cette écriture pour lutter de vitesse avec
la parole, on devra unir en un seul caractère les
lettres d'un même mot, à l'exception cependant des
voyelles représentées par le trait - et par la cé-

dille ع . Ces voyelles ne s'unissent aux autres lettres qu'au commencement et à la fin des mots. Médiales, elles se tracent au-dessus ou au-dessous des lettres avec lesquelles elles forment syllabe, comme des espèces d'accents qu'on finit par supprimer, afin d'augmenter encore la rapidité de l'écriture.

Pour montrer avec quelle facilité on passe des mots écrits en lettres isolées aux mots écrits en lettres unies, et pour faire apprécier l'économie de temps qui résulte de l'union des lettres et de la suppression de quelques-uns des signes-voyelles, je donne comme exemple, planche 2, une même phrase écrite des trois manières.

Les feuillets d'écriture phonétique et les feuillets d'écriture usuelle forment des cahiers distincts, afin que l'élève puisse toujours mettre en regard les parties de ces cahiers qui sont la traduction l'une de l'autre.

Pour faciliter la mise en regard des cahiers qui renferment les exercices de mots, chaque colonne de mots phonétiques est surmontée d'un chiffre romain qui renvoie à un paragraphe du cahier des mots en écriture usuelle. La correspondance des mots eux-mêmes s'établit au moyen des chiffres arabes.[1]

(1) Dans les exercices de mots, les pronoms *je, tu, il, nous vous, ils,* et la conjonction *que* ou *qu'*, n'ont été mis devant certains mots que pour indiquer la nature verbale de ces mots.

Pour les *premières notions,* les pages et les lignes d'écriture phonétique et d'écriture usuelle se correspondent exactement, de manière qu'en rapprochant les pages portant le même numéro, dans chacun des deux cahiers, l'élève trouvera facilement le mot phonétique qui est la traduction d'un mot en écriture usuelle, et réciproquement.

Pour intéresser davantage l'enfant à la lecture, on fera bien de lui faire étudier alternativement

On ne les a pas traduits phonétiquement, afin que les noms, les adjectifs, les verbes, etc., qui ont la même prononciation pussent être représentés par un seul mot phonétique.

Ainsi, comme correspondant aux mots : à, *tu as, il* a, on ne trouvera sur le cahier phonétique que le caractère O, qui représente le son *a.*

Dans ces mêmes exercices, le signe * indique la non-aspiration et rappelle à l'élève que toutes les fois qu'un mot commençant par une *h* non aspirée est précédé des mots *le, la, je, me, te, se, de,* on doit faire l'élision, c'est-à-dire remplacer l'*e* ou l'*a* par une apostrophe ; et que toutes les fois que le mot commençant par une *h* non aspirée est précédé d'une consonne, on doit, dans la prononciation, lier cette consonne avec la voyelle qui suit la lettre *h.*

Exemples.

On écrit : l'homme,   et on prononce : l'ome.
—   le héros,   —   le éro.
—   l'heure,   —   l'eure.
—   la hache,   —   la ache.
         les hommes,   —   lè zome.
         les héros,   =   lè éro.

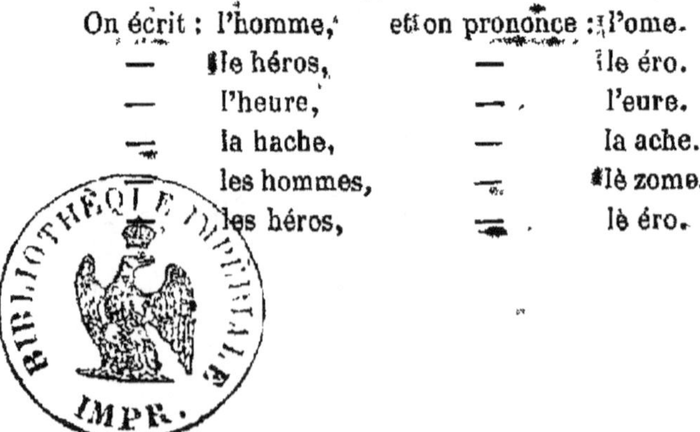

une page du cahier des mots et une page du cahier des *premières notions*.

On remarquera que les exercices de mots sont composés de manière à initier l'enfant à la connaissance si importante des homonymes, c'est-à-dire des mots qui, se prononçant de même, s'écrivent d'une manière différente en écriture usuelle.

Quant aux *premières notions*, j'ai cru devoir les faire porter sur quelques-unes de ces vérités religieuses et morales qui ne peuvent être ni trop tôt ni trop souvent présentées à l'esprit et au cœur des enfants. Je n'ai pas été arrêté par la gravité de ces grandes questions : Dieu, l'ame, les devoirs. Persuadé que c'est moins la gravité d'un sujet que le style dans lequel il est traité qui met ce sujet hors de la portée d'une jeune intelligence, j'ai cherché, pour causer avec des enfants, à emprunter leur langage.

J'ai cru aussi devoir tirer parti de l'attrait si vif que tous les enfants ont pour les couleurs, même abstraction faite de la forme des objets, afin de faire plus facilement comprendre par leur jugement, et plus facilement retenir par leur mémoire les différentes positions sociales, ainsi que les notions préliminaires de la grammaire. J'ai fait des sept couleurs de l'arc-en-ciel les signes emblématiques des professions entre lesquelles les hommes se partagent, et des diverses espèces de mots que l'analyse découvre dans le langage humain.

ALPHABETS PARTICULIERS

A L'USAGE DES SOURDS-MUETS, DES AVEUGLES

ET DES SOURDS-MUETS AVEUGLES.

Il est deux classes d'infortunés, les sourds-muets et les aveugles, pour lesquels a été longtemps rompu le lien qui unit la parole et l'écriture. Ce lien a été renoué par les efforts dévoués et persévérants des abbé de l'Épée, des Haüy et de leurs dignes successeurs.

Aujourd'hui l'aveugle qui a retrouvé des yeux dans le toucher peut converser avec cet ami toujours présent et toujours fidèle qu'on appelle un livre.

Aujourd'hui, le sourd-muet auquel on est parvenu à faire prononcer des sons, sans qu'il les ait entendus, auquel on est parvenu, chose non moins merveilleuse, à faire lire les sons dans les mouvements de la bouche, le sourd-muet a reconquis ce mode si sympathique et si rapide de communication des idées qu'on appelle la parole.

Par conséquent l'écriture qui auparavant ne pou-

vait que représenter directement les idées au sourd-
muet, lui représente maintenant, sinon les sons
eux-mêmes, au moins ce qui les distingue les uns
des autres, c'est-à-dire les mouvements de la
bouche.

Si une écriture simple et abrégée est utile à ceux
qui voient et entendent, elle est presque indispensable à ceux qui sont atteints de cécité ou de surdi-
mutité. En effet, au sourd-muet, souvent obligé de
converser au moyen de l'écriture, il faut une écriture rapide; à l'aveugle, qui ne peut lire qu'avec la
main, il faut une écriture dont les caractères simples soient facilement et promptement perceptibles
par le toucher.

L'alphabet phono-sténographique remplit cette
double condition. La base numérale sur laquelle
il repose fait qu'il devient, au moyen d'une simple
convention, un alphabet manuel et visible pour les
sourds-muets, un alphabet de toucher pour ceux
qui sont aveugles ou même sourds-muets et aveugles
tout à la fois.

Grâces aux progrès qui se sont opérés dans leur
éducation, les sourds-muets possèdent aujourd'hui
plus de moyens de communiquer leurs idées que
ceux qui entendent.

1° Ils ont la parole, puisqu'ils peuvent exprimer
leurs pensées par des sons, et que, s'ils n'entendent
pas les mots que prononce la bouche de leur inter-

locuteur; ils lisent ces mots dans les mouvements que la bouche exécute en parlant [1].

2° Ils ont la dactylologie ou l'alphabet manuel.

3° Ils ont le langage mimique ou des gestes [2].

4° Enfin, ils ont l'écriture.

* * *

(1) Il existe à Paris, rue de Courcelles, 32, et rue de Valois du Roule, 2, deux institutions de sourds-muets spécialement consacrées à l'enseignement de la parole prononcée par le sourd-muet et lue par lui sur la bouche. L'institution des garçons est dirigée par M. Dubois, sourd-muet lui-même ; celle des filles par les deux demoiselles Dubois. Le succès qu'obtiennent ces instituteurs est le juste prix du zèle et du dévouement qu'ils apportent dans l'accomplissement de leur belle et sainte mission.

Il est à désirer que cet enseignement de la parole aux sourds-muets se généralise. Il a l'immense avantage de rendre le sourd-muet à la société, puisqu'il rétablit entre le sourd-muet et ceux avec lesquels il peut avoir à converser, et cela sans aucune étude préalable de la part de ces derniers, le mode universel de communication des idées, la parole.

Un savant philologue, professeur de perfectionnement à l'institut des Sourds-Muets de Paris, M. Vaïsse, a publié un tableau extrêmement intéressant dans lequel se trouvent représentées les formes qu'affecte l'organe vocal pour la prononciation de toutes les lettres de l'alphabet.

(2) Un autre professeur distingué du même établissement, M. Pélissier, compose un dictionnaire du langage mimique, ce langage véritablement universel dont l'enseignement ne restera sans doute pas restreint aux écoles de sourds-muets, mais s'étendra à tous les établissements d'éducation.

L'alphabet manuel (planche 2) est spécialement destiné aux sourds-muets pour lesquels la bouche est redevenue l'instrument de communication des idées.

Comme dans l'alphabet phono-sténographique qui lui sert de base, les lettres y sont classées suivant l'ordre naturel et logique des sons de la parole qu'elles sont appelées à représenter.

Les divisions des lettres en *voyelles* et *consonnes*, en *douces* et *fortes*, en *labiales*, *dentales* et *linguales*, s'y trouvent marquées d'une manière qui les rend très faciles à saisir et à graver dans la mémoire.

Ainsi, 1º toutes les voyelles sont figurées par la main vue en dessus, toutes les consonnes par la main vue en dedans.

2º Les lettres douces sont représentées par les doigts montrés verticalement, les lettres fortes par les doigts montrés obliquement.

3º Les labiales correspondant aux chiffres 1, 2, 3, ont pour signes manuels :

a-â, b-p	un doigt ;
o-ô, v-f	deux doigts ;
ou,-u, m	trois doigts.

Les dentales correspondant aux chiffres 4, 5, 6, ont pour signes manuels :

e-eu, d-t	quatre doigts ;
é-è, z-s	le pouce seul qui reçoit la valeur de 5 ;
i-ye, j-ch	le pouce et l'index.

Les linguales correspondant aux chiffres 7, 8, 9, 0, ont pour signes manuels :

an, g-k	le pouce et deux doigts ;
on, n-gn	le pouce et trois doigts ;
in, l-ll	le pouce et quatre doigts ;
un, r	le petit doigt seul.

L'alphabet en points (planche 2) rappelle si fidèlement les directions, les grandeurs, les contours des lettres sténographiques, que pour reproduire celles-ci il suffit de joindre les points les uns aux autres par des traits de plume.

Un point de plus sert à distinguer les fortes des douces.

Cet alphabet en points devient un alphabet à l'usage des aveugles, lorsqu'on remplace ces points par les petits reliefs que produisent des piqûres faites dans une feuille de papier.

Pour les sourds-muets qui se trouvent dans l'obscurité, le malheur de la cécité vient se joindre à celui de la surdi-mutité.

J'ai composé pour eux un alphabet qui leur permettra de communiquer dans l'obscurité, soit entre eux, soit avec les entendants. J'ai représenté les nombres qui servent de base à l'alphabet dactylologique par des pressions faites avec l'index dans la paume de la main pour les consonnes, et par des pressions faites avec le pouce sur le revers de la main, pour les voyelles. Pour cet alphabet du toucher, on exprime l'élément 5 par deux pressions se succédant sans intervalle, et on différencie les lettres fortes des lettres douces par des pressions plus marquées.

Voici cet alphabet dans lequel les nombres correspondant aux lettres doivent être exprimés à la manière des Romains.

Le signe I représente une pression simple, le signe V une pression double.

I.   II.   III.   IV.   V.   VI.   VII.   VIII.   IVV. VV.

a,â.   o,ô.   ou,u.   e,eu.   é,è.   i,ye.   an,   on,   in,   un.

b,p.   v,f.   m.   d,t.   z,s.   j,ch.   gu,k.   n,gn.   l,ll.   r.

ALPHABETS
ENSEIGNÉS PAR LES IMAGES.

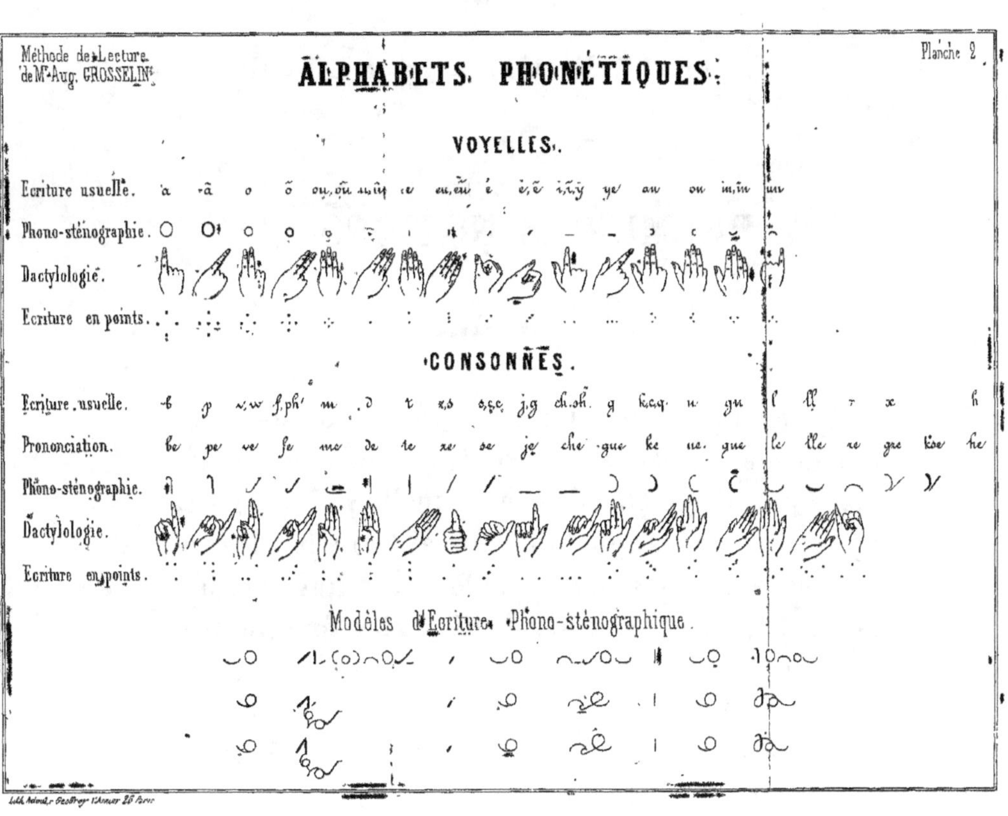

Méthode de Lecture.
de Mr Aug. GROSSELIN.
Planche 2
ALPHABETS PHONÉTIQUES.
VOYELLES.
Ecriture usuelle.
Phono-sténographie.
Dactylologie.
Ecriture en points.
CONSONNES.
Ecriture usuelle.
Prononciation.
Phono-sténographie.
Dactylologie.
Ecriture en points.
Modèles d'Ecriture Phono-sténographique.

MÉTHODE DE LECTURE.

PREMIÈRES NOTIONS.

LE BON DIEU.

Mes chers enfants, qui a fait la maison dans laquelle vous demeurez? Ce sont des hommes appelés maçons. Qui a fait la table sur laquelle vous mangez? C'est un homme appelé ébéniste? Qui a fait les armoires dans lesquelles on enferme le linge, les assiettes, les couteaux, les cuillers, les fourchettes, les verres à boire? C'est un homme appelé menuisier. Qui a fait les serrures et les clefs avec lesquelles on ferme les portes? C'est un homme appelé serrurier. Qui a fait les souliers dans lesquels on met vos petits pieds pour que vous ne les salissiez pas en marchant? C'est un homme appelé cordonnier.

Maintenant, mes chers enfants, d'où vient la pierre qui a servi aux maçons pour faire la maison? D'où vient le bois qui a servi à l'ébéniste et au menuisier pour faire la table et les armoires? D'où vient le fer qui a servi au serrurier pour faire les serrures et les clefs? D'où vient le cuir qui a servi au cordonnier pour faire vos petits souliers? Est-ce que ce sont aussi des hommes qui ont fait toutes ces choses, sans lesquelles on n'aurait pu faire ni maison, ni table, ni armoires, ni serrures, ni clefs, ni souliers? Non certainement. Qui donc les a faites, car il faut absolument que tout ce que nous voyons ait été fait par quelqu'un? Mes chers enfants, toutes les choses que les hommes n'ont pu faire ont été créées par le bon Dieu.

C'est aussi le bon Dieu qui a créé la terre que nous habitons et qui produit ces jolies fleurs dont vous aimez à faire des bouquets et des couronnes: les bluets, les pavots, les roses, les œillets; et tous ces fruits qui vous paraissent si bons à manger: les cerises, les fraises, les abricots, les pêches, les prunes, les poires, les pommes, le raisin.

C'est aussi le bon Dieu qui a créé le soleil dont les rayons répandent au loin la lumière et la chaleur.

C'est aussi le bon Dieu qui a créé la lune dont la clarté est si douce à nos yeux.

C'est aussi le bon Dieu qui a créé toutes ces bril-

lantes étoiles que nous voyons au ciel quand il fait
une belle nuit.

Ce Dieu si puissant qui a créé la terre, le soleil,
la lune, les étoiles; ce Dieu si bon qui a voulu que
la terre nous donnât toutes les choses qui nous sont
nécessaires, utiles et agréables, nous ne pouvons ni
le voir, ni le toucher, mes chers enfants; car il n'a
pas de corps, il est un pur esprit.

Dieu qui a tout créé dans l'univers, est partout
présent dans cet univers qui est infiniment grand.
Si vous pouviez voler comme les oiseaux, vous au-
riez beau vous élever, vous n'arriveriez jamais au
bout de l'univers. L'univers n'a pas de bout, n'a
pas de bornes; c'est ce qu'on exprime en disant que
l'univers est immense.

Puisque Dieu est partout présent dans l'univers,
il voit tout ce qui s'y passe. Non-seulement il voit ce
que vous faites, mais il voit aussi ce que vous pensez.
Ne faites donc jamais de mauvaises actions, et n'ayez
jamais de mauvaises pensées; mais faites toujours
de bonnes actions et ayez toujours de bonnes pensées. Alors Dieu verra que vous êtes des enfants
bons et reconnaissants, et il vous aimera.

Les plantes que vous voyez pousser sur la terre,
vous les voyez mourir. Les plantes ont donc un
commencement et une fin.

Vous avez vu de petits chiens, de petits chats,
de petits oiseaux qui venaient de naître, et vous

avez vu des chiens, des chats, des oiseaux qui étaient morts. Les animaux ont donc, comme les plantes, un commencement et une fin.

Vous avez vu aussi de tout petits enfants qui venaient de naître, et vous avez vu porter au cimetière, pour être déposées dans la terre, des personnes qui étaient mortes. Mes chers enfants, cette partie de l'homme que nous pouvons voir et toucher, et qu'on appelle le corps, a donc, comme les plantes et les animaux, un commencement et une fin. Mais nous verrons tout à l'heure que l'homme n'a pas seulement un corps, nous verrons qu'il a aussi une âme et que cette âme ne peut pas mourir.

Ainsi, tout ce qui pousse sur la terre, tout ce qui se nourrit des fruits de la terre, a un commencement et une fin.

La terre elle-même, le soleil, la lune, les étoiles ont eu aussi un commencement et auront une fin. Mais Dieu qui a créé la terre, le soleil, la lune et les étoiles n'a pas eu de commencement et n'aura pas de fin: C'est ce qu'on exprime en disant que Dieu est éternel.

LES CINQ SENS.

Mes chers enfants, avec quoi voyez-vous votre

père, votre mère ? Avec quoi voyez-vous une maison, un arbre, une fleur, un fruit ? Avec quoi voyez-vous une table, une chaise, et toutes les autres choses ? C'est avec vos yeux. Comment savez-vous que c'est avec vos yeux ? C'est parce que si vous fermez vos yeux, vous ne voyez plus rien.

Avec quoi entendez-vous une personne qui parle ou qui chante ? Avec quoi entendez-vous un chien qui aboie, un chat qui miaule ? Avec quoi entendez-vous le vent qui souffle, le tonnerre qui gronde ? C'est avec vos oreilles. Comment savez-vous que c'est avec vos oreilles ? C'est parce que si vous bouchez vos oreilles, vous n'entendez plus rien.

Avec quoi sentez-vous la bonne odeur de la rose, de l'œillet, du lilas ? C'est avec votre nez. Comment savez-vous que c'est avec votre nez ? C'est parce que si vous bouchez ou si vous fermez avec votre main ou avec un mouchoir ces deux petites ouvertures appelées narines, vous ne sentez plus rien.

Avec quoi sentez-vous qu'un fruit est doux ou amer, qu'un mets est sucré ou salé ? C'est avec votre langue ou votre palais. Comment savez-vous que c'est avec votre langue ou votre palais ? C'est parce que, pour savoir si le fruit est doux ou amer, si le mets est sucré ou salé, vous êtes obligé de toucher une partie de ce fruit ou de ce mets avec votre langue ou votre palais. Toucher avec la langue ou avec le palais, cela s'appelle goûter.

Comment pouvez-vous savoir si une planche ou une pierre est polie ou raboteuse? C'est en touchant cette planche ou cette pierre avec une partie quelconque de votre corps, avec votre main, avec votre joue, avec votre pied.

Ainsi, mes chers enfants, les yeux servent à voir, les oreilles servent à entendre, le nez sert à sentir, la langue et le palais servent à goûter, toutes les parties du corps et surtout la main servent à toucher.

On exprime la même chose en disant que l'œil est l'organe de la vue, que l'oreille est l'organe de l'ouïe, que le nez est l'organe de l'odorat, que le palais est l'organe du goût, que la main est l'organe du toucher.

La vue, l'ouïe, l'odorat, le goût, le toucher, sont appelés les cinq sens.

L'AME.

Quand vous pensez à Dieu, quand vous pensez à votre père, à votre mère, à vos maîtres, à vos camarades; quand vous vous rappelez ce que vous avez vu, ce que vous avez entendu, ce que vous avez senti, ce que vous avez goûté, ce que vous avez touché; quand vous désirez une fleur, un fruit, un joujou, avec quoi pensez-vous? avec quoi vous rappelez-vous? avec quoi désirez-vous? Est-ce avec votre œil, avec votre oreille, avec votre nez, avec votre palais, avec votre main ou avec toute autre partie de votre corps? Non sans doute, et même cette question vous fait sourire. Avec quoi donc? C'est avec quelque chose qui est en vous, que vous ne pouvez pas voir, que vous ne pouvez pas toucher. Ce quelque chose, c'est votre âme.

C'est aussi avec votre âme que vous aimez Dieu, que vous aimez votre père, votre mère, vos frères, vos sœurs, vos maîtres, vos camarades.

C'est aussi avec votre âme que vous éprouvez de la tristesse quand vous voyez souffrir un homme, une femme, un enfant, et même un animal.

C'est aussi avec votre âme que vous vous réjouissez quand vous avez bien travaillé, quand vous avez soulagé une personne malade ou blessée, quand vous avez consolé une personne affligée.

Dieu a créé l'homme à son image, mais ce n'est pas par notre corps que nous pouvons ressembler à Dieu, puisque Dieu n'a pas de corps; c'est par notre âme, qui est un pur esprit comme Dieu. Seulement, mes chers enfants, notre âme a pour demeure notre corps, qui est bien petit; tandis que Dieu a pour demeure l'univers, qui est infiniment grand. Notre âme a des défauts, tandis que Dieu est parfait, c'est-à-dire, qu'il est infiniment sage, infiniment puissant, infiniment bon, infiniment juste.

C'est parce que notre âme est faite à l'image de Dieu que nous pouvons nous élever à Dieu par la pensée et par la prière : ce qu'aucun animal ne peut faire.

C'est aussi parce que notre âme est faite à l'image de Dieu que notre âme ne peut pas mourir. Comme je vous l'ai déjà dit, mes chers enfants, le corps que vous avez reçu de vos parents, et que vous nourrissez des fruits de la terre; ce corps mourra un jour, mais l'âme que vous avez reçue de Dieu ne mourra pas.

Quand Dieu séparera votre âme de votre corps, il la jugera, c'est-à-dire qu'il la récompensera si vous avez fait le bien, la punira si vous avez fait le mal.

Pour exprimer que l'âme ne meurt pas, on dit qu'elle est immortelle.

LES DEVOIRS.

Mes chers enfants, le bon Dieu nous donne à tous des devoirs à remplir ; et afin que nous sachions si nous avons bien fait ou mal fait, le bon Dieu veut que nous éprouvions du contentement et de la joie

quand nous avons bien fait ; il veut que nous éprouvions au contraire de la tristesse, du regret, du
repentir, quand nous avons mal fait.

Voici, mes chers enfants, quelques-uns de nos
principaux devoirs.

Le premier de tous, c'est d'avoir une grande
reconnaissance et un grand amour pour le bon
Dieu, qui a créé toutes les choses qui nous sont nécessaires, utiles et agréables.

Le second devoir, c'est d'avoir une grande reconnaissance et un grand amour pour notre père
et pour notre mère, qui ont soin de nous quand
nous sommes petits enfants, et qui, à l'exemple du
bon Dieu, nous donnent tout ce qui nous est nécessaire, utile et agréable.

Nous devons aussi avoir de l'affection et de la
reconnaissance pour les maîtres qui aident nos
parents à nous élever et à nous instruire.

Nous devons également aimer nos frères et nos
sœurs, afin que notre père et notre mère soient
heureux en voyant la paix régner entre tous leurs
enfants.

Nous devons être justes, c'est-à-dire ne jamais
faire de tort à personne.

Ce n'est pas assez d'être justes, nous devons aussi
être bons, c'est-à-dire faire aux hommes et même
aux animaux tout le bien qu'il est en notre pouvoir
de leur faire.

Nous devons toujours dire la vérité, parce que le
bon Dieu a en horreur le mensonge, qui est l'arme
et la ressource des lâches, des voleurs, des assas-
sins.

Un autre devoir qui nous est imposé à tous, c'est
le travail. Le bon Dieu a voulu que la terre pro-
duisît de la pierre, du fer, ainsi que des animaux,
des arbres et des plantes de toutes sortes ; mais il
a voulu en même temps que l'homme ne pût utiliser
toutes ces choses que par le travail.

Ainsi, par le travail des ouvriers ou des industriels, les pierres se changent en maisons, le bois
se change en meubles, le fer se change en machines et en outils pour tous les métiers.

Par le travail des cultivateurs ou des agriculteurs, les légumes, les fruits, les grains deviennent
plus nombreux, plus gros et meilleurs.

C'est aussi par le travail que les peintres qui font
des tableaux, les sculpteurs qui font des statues et
les autres artistes apprennent à imiter les œuvres
de Dieu.

C'est encore par le travail que ceux qui écrivent
des livres ou qui prononcent des discours dans les
assemblées, et qu'on appelle des littérateurs, des
poètes, des orateurs, apprennent à nous instruire
et à nous charmer.

C'est enfin par le travail que les savants décou-
vrent les choses que le bon Dieu avait cachées aux

hommes, non pour qu'ils ne les connussent jamais, mais pour qu'ils ne pussent les découvrir que par un travail long et assidu.

Le bon Dieu nous fait donc sentir que le travail est indispensable. Il fait plus : il veut que nous aimions le travail, et pour cela il donne une récompense aux bons travailleurs. Cette récompense, c'est le contentement que nous éprouvons lorsque nous avons gagné par notre travail ce qui est nécessaire à notre vie, ou lorsque, par notre travail, nous produisons quelque chose de grand, de beau, d'utile.

Vous, petits enfants, vous ne travaillez pas encore pour gagner votre vie, ce sont vos parents qui travaillent pour vous ; mais vous devez vous préparer à travailler un jour pour vous-mêmes et à travailler aussi pour votre père et pour votre mère, quand votre père et votre mère devenus vieux ne pourront plus travailler.

Il y a cependant un travail qu'on vous demande maintenant, mes chers enfants, mais c'est afin de vous procurer deux grands plaisirs.

Ainsi vous apprenez à lire, afin qu'en lisant dans les livres vous puissiez savoir tout ce qui s'est passé sur la terre depuis qu'elle a été créée par Dieu.

Ainsi vous apprenez à écrire, afin que si vous êtes un jour séparés de votre père, de votre mère, de vos autres parents, de vos amis, vous puissiez causer de loin avec eux, en leur écrivant des lettres.

Vous avez encore d'autres devoirs à remplir, mes chers enfants; mais je laisse à vos parents, à vos maîtres, aux ministres de la religion, le soin de vous les faire connaître.

LES COULEURS,
EMBLÈMES DES DIFFÉRENTES PROFESSIONS.

RELIGION. —— BLEU FONCÉ.

Dieu est partout, mes chers enfants; mais afin que nous comprenions bien que Dieu est infiniment au-dessus de nous, on nous apprend à dire dans notre prière de tous les matins et de tous les soirs : *Notre Père, qui êtes aux cieux.*

Le bleu foncé, couleur du ciel quand nous le voyons dans sa plus grande profondeur, c'est-à-dire quand il est parfaitement pur et dégagé de tout nuage, nous fait naturellement penser à Dieu. Cette couleur nous représentera les hommes dont la sainte profession est de nous enseigner la religion, c'est-à-dire de nous apprendre ce que nous devons faire pour être justes et bons devant Dieu.

AGRICULTURE, INDUSTRIE, COMMERCE: — JAUNE.

Nous avons tous reçu de Dieu un corps que nous sommes obligés de nourrir, de vêtir, de loger. Qui cultive la terre pour qu'elle produise le blé avec lequel on fait du pain, pour qu'elle produise le raisin avec lequel on fait le vin ? Ce sont des hommes qu'on appelle des agriculteurs.

Qui fait des habits pour nous vêtir, des maisons pour nous abriter contre le vent, la pluie, le froid, la chaleur ? Ce sont des hommes qu'on appelle des ouvriers ou des industriels.

Qui va chercher souvent bien loin les différentes choses dont nous avons besoin ? Ce sont des hommes qu'on appelle commerçants.

Qu'est-ce que nous donnons à ces agriculteurs, à ces industriels, à ces commerçants, en échange des choses qu'ils nous procurent ? Nous leur donnons de la monnaie. Quelle est la première, la plus précieuse des monnaies ? C'est l'or. L'or étant jaune, nous prendrons cette couleur jaune pour représenter l'agriculture, l'industrie et le commerce.

GUERRE. — ROUGE.

Un homme bien tranquillement couché dans son

lit entend tout' à coup, au dehors un malheureux crier : au secours! on m'assassine! Cet homme, qui est tranquillement couché dans son lit, sait que les portes de sa maison sont bien fermées et, par conséquent, il ne craint rien pour lui-même. Dira-t-il : ce malheureux que j'entends crier va être tué, tant pis pour lui ; je n'ai pas envie de me faire tuer aussi? Oui, il parlera ainsi, s'il est lâche et poltron ; mais s'il a du courage, il sentira son sang bouillir dans tout son corps; il ne pourra rester dans son lit, il s'élancera, saisira la première arme qu'il trouvera sous sa main, et, en risquant sa propre vie, il sauvera le malheureux qu'on allait assassiner.

Une armée ennemie vient s'emparer d'une ville très éloignée de celle que nous habitons. Nous n'avons rien à craindre pour nous-mêmes ; mais si nous avons du courage, nous nous ferons tous soldats pour aller défendre nos compatriotes.

Un peuple puissant attaque un peuple faible. Tous les autres peuples qui aiment la justice et qui ont du courage, quoiqu'ils ne soient pas attaqués ni même menacés, s'uniront avec le peuple faible pour repousser le peuple injuste et puissant.

Nous représenterons par la couleur rouge ce courage de l'homme qui s'expose à la mort, pour secourir son semblable. Nous représenterons par la même couleur rouge les guerriers qui vont combattre pour défendre leur patrie ou pour défendre un peuple faible attaqué par un peuple puissant.

Ainsi, mes chers enfants, les trois couleurs qu'on appelle simples ou premières : le bleu foncé, le jaune, le rouge, représentent justement ce qui est véritablement indispensable à tous les hommes :

1º La religion, qui leur apprend à être justes et bons ;

2º L'agriculture, l'industrie, le commerce, qui leur fournissent tout ce qui leur est nécessaire pour les nourrir, les vêtir et les loger ;

3º Le courage, dont ils ont besoin pour empêcher les méchants de faire le mal.

Je vais vous montrer maintenant comment les couleurs secondaires, le violet, le bleu clair, le vert, l'orangé, représentent d'autres professions très utiles, mais qui ne sont pas indispensables :

La politique ;

La littérature, la poésie et l'éloquence ;

Les beaux-arts ;

La science.

On appelle couleurs secondaires celles qu'on peut produire au moyen des couleurs premières.

POLITIQUE, JUSTICE. — VIOLET.

Parmi les habitants d'un pays, il y a malheureusement des hommes paresseux qui aiment mieux voler ce qui appartient aux autres que de gagner honnêtement leur vie en travaillant. Il y a même quelquefois des hommes assez méchants pour frapper et pour tuer ceux que Dieu nous ordonne d'aimer et de secourir. C'est pour cela que dans tous les pays il y a des hommes armés, des soldats, des gendarmes, qui sont chargés d'arrêter et de conduire en prison ces voleurs et ces méchants, pour les punir, pour les corriger, et pour les empêcher de faire le mal.

Il y a aussi dans chaque pays un empereur, un roi, ou un magistrat suprême, qui nomme des ministres et d'autres magistrats inférieurs chargés de rendre la justice à tous les habitants, en récompensant les hommes bons, en punissant les hommes méchants.

Ces magistrats suprêmes, ces ministres, ces magistrats inférieurs, qui savent ce qui est juste ou injuste aux yeux de Dieu, et qui commandent aux hommes armés, aux soldats, on les appelle des hommes politiques. Ils seront représentés par le violet, couleur formée du mélange du bleu foncé, qui rappelle Dieu, avec le rouge, qui rappelle les soldats.

LITTÉRATURE, POÉSIE, ÉLOQUENCE. — BLEU CLAIR.

A côté des prêtres qui apprennent à notre âme ce qui est juste et bon, nous devons placer les hommes qui apprennent à notre âme ce qui est vrai et beau. Ces hommes, qui s'appellent des littérateurs ou des poëtes quand ils font des livres, qui s'appellent des orateurs quand ils parlent, seront représentés par le bleu clair, couleur qui se rapproche le plus du bleu foncé, emblème de la religion.

BEAUX-ARTS. — VERT.

Il y a d'autres hommes qui cherchent à nous plaire et à nous charmer par l'imitation des ouvrages de Dieu; on les appelle des artistes. Celui-ci prend du papier, un crayon, et il fait un dessin; celui-là prend une toile, des couleurs, un pinceau, et il fait un tableau; un autre prend du bois, de la pierre ou du marbre, et il fait une statue; un autre chante ou joue d'un instrument de musique. Les véritables artistes doivent être un peu poëtes; et comme ils sont obligés, en général, de se servir de choses matérielles pour exécuter leurs ouvrages,

nous les représenterons par le vert, résultant du
mélange du bleu, couleur de la poésie, avec le
jaune, signe des choses matérielles et visibles.

SCIENCE. — ORANGÉ.

Enfin, il y a des hommes qui aiment avec tant
d'ardeur la vérité, que pour faire une décou-
verte ou une invention dont profiteront les autres
hommes, ils s'exposent aux plus grands dangers.

Ainsi, pour nous faire connaître un pays in-
connu, des voyageurs intrépides traversent des
mers glacées, des déserts brûlants, des contrées
habitées par des peuples plus féroces que les tigres
et les lions.

Ainsi, pour savoir comment est formée une certaine substance, ou pour former eux-mêmes une
substance nouvelle, des chimistes font des expé-
riences qui leur coûtent souvent la vie.

Ainsi, des mathématiciens détruisent leur santé
en travaillant nuit et jour à résoudre des pro-
blèmes.

Les agriculteurs, les industriels, les commerçants profitent des découvertes faites par les savants.

C'est le savant qui indique aux agriculteurs des plantes nouvelles à cultiver.

C'est le savant qui invente ces machines puissantes qui diminuent les fatigues des ouvriers et leur permettent de faire cent fois, mille fois plus d'ouvrage qu'auparavant.

C'est le savant qui trouve des pays nouveaux où les commerçants vont chercher le café, le poivre, le thé, le coton, etc., et où ces mêmes commerçants vont porter en échange des étoffes, des meubles, des livres, etc.

C'est un savant qui a inventé pour nous toutes ces locomotives à vapeur qui nous transportent avec une vitesse si grande partout où nous sommes appelés pour nos affaires ou pour nos plaisirs.

C'est un savant qui a inventé ce télégraphe électrique qui nous permet de faire connaître notre pensée d'un bout de la France à l'autre, en aussi peu de temps que cette pensée s'est formée dans notre âme.

Ces savants, non moins courageux que les guerriers, répandent la lumière sur toutes choses, et rendent de grands services à l'agriculture, à l'industrie, au commerce. Nous les représenterons par l'orangé, résultant du mélange du rouge, signe du courage, avec le jaune, qui n'est pas seulement l'emblème des choses matérielles, mais qui rappelle aussi à notre pensée le soleil, source de la lumière.

I^{res} NOTIONS DE GRAMMAIRE.

LES LETTRES, LES MOTS, LES PHRASES.

Que faites-vous, mes chers enfants, quand vous dites avec votre bouche ce que votre âme pense, ce que votre âme désire, ce que votre âme se rappelle? *Vous parlez.*

Que faites-vous, quand vous regardez ces petits caractères de toutes sortes de formes qui sont imprimés sur les pages d'un livre, et que vous dites tout haut ou tout bas ce que ces petits caractères signifient? *Vous lisez.*

Comment appelle-t-on ces petits caractères? On les appelle des *lettres.*

Comment appelle-t-on les lettres qui étant réunies font naître une idée, c'est-à-dire une espèce d'image dans votre âme? On les appelle des *mots.*

Comment appelle-t-on les réunions de mots dont vous vous servez pour exprimer ce que vous pensez? On les appelle des *phrases.*

Voici trois petites phrases :

Les hommes marchent sur la terre ;

Les oiseaux volent dans l'air ;

Les poissons nagent dans l'eau.

LES COULEURS,

EMBLÈMES DES DIFFÉRENTES ESPÈCES DE MOTS.

LE SUBSTANTIF OU NOM. — JAUNE.

A quoi le mot *hommes* vous fait-il penser? A des personnes.

A quoi les mots *oiseaux, poissons* vous font-ils penser? A des animaux.

A quoi les mots *terre, air; eau* vous font-ils penser? A des choses.

Eh bien, tout mot qui vous fait penser à une personne, à un animal ou à une chose, s'appelle *substantif* ou *nom*.

Qu'est-ce qui vous permet de voir les personnes, les animaux, les choses? La lumière du soleil.

Quelle est la couleur du soleil? Jaune.

Nous représenterons le substantif ou le nom par la couleur *jaune*.

LE VERBE. — ROUGE.

A quoi les mots *marchent, volent, nagent* vous font-ils penser? A certains mouvements, à certaines actions.

Tout mot qui vous fait penser à un mouvement ou à une action s'appelle *verbe*.

Que faut-il pour que des personnes, des animaux fassent des mouvements, des actions? Il faut que ces personnes, ces animaux soient vivants. Qu'est-ce qui entretient la vie chez les personnes, chez les animaux? Le sang. Quelle est la couleur du sang? Rouge. Nous représenterons le verbe par la couleur *rouge*.

LES CONJONCTIFS.

LA PRÉPOSITION. — BLEU FONCÉ.

Les mots *sur, dans* vous font-ils penser à une personne, à un animal ou à une chose? Non. Vous font-ils penser à un mouvement, à une action? Non.

A quoi peuvent donc servir ces mots *sur, dans?* Le mot *sur* sert à lier le mot marchent avec le mot terre. Le mot *dans* sert à lier le mot volent avec le mot air, le mot nagent avec le mot eau.

De plus, en voyant ce mot *sur* placé entre le mot marchent et le mot terre, vous comprenez que l'action de marcher se fait, non pas dans la terre, non pas sous la terre, non pas au-dessus de la terre, mais sur la terre.

En voyant ce mot *dans* placé entre le mot volent et le mot air ou entre le mot nagent et le mot air, vous comprenez que l'action de voler et l'action de nager ne se font pas sur l'air où sur l'eau, mais dans l'air et dans l'eau.

Comment appelle-t-on ce mot qui unit les autres mots et exprime en même temps un certain rapport entre ces mots? On l'appelle *préposition*.

Vous avez vu, mes chers enfants, que la religion doit unir tous les hommes et en faire comme une grande famille.

La religion nous enseigne, en effet, que les hommes, ayant tous le même père, qui est Dieu, doivent s'aimer les uns les autres comme des frères.

La religion, lien des hommes, a été représentée par le *bleu foncé*. Nous emploierons aussi le *bleu foncé* pour représenter la préposition, lien des mots.

LA CONJONCTION. — BLEU CLAIR.

Il y a un autre mot qui sert à lier non les mots, mais les phrases.

Voici deux petites phrases qui se trouvent unies :
Dieu nous aimera, si nous sommes bons.

Le mot *si*, qui lie cette réunion de mots : Dieu nous aimera, avec cette autre réunion de mots : nous sommes bons, et qui marque en même temps qu'il y a un rapport entre ces deux petites phrases, que l'amour de Dieu ne nous sera assuré qu'à la condition que nous serons bons, ce mot *si* s'appelle *conjonction*.

Nous avons représenté le premier des conjonctifs par le bleu foncé ; nous représenterons le second conjonctif par le *bleu clair*.

Ainsi, mes chers enfants, vous voyez que les trois couleurs simples où premières, qui déjà ont représenté les trois professions indispensables dans toutes les sociétés d'hommes, peuvent aussi représenter les trois espèces de mots qui nous sont indispensables pour parler, c'est-à-dire pour faire connaître ce qui se passe dans notre âme.

LE PRONOM. — ORANGÉ.

Les hommes ont trouvé qu'il était, non pas indispensable, mais commode et utile de se servir encore d'autres espèces de mots.

Ainsi, ils ont cru utile de désigner les personnes qui parlent, les personnes à qui l'on parle, les personnes, les animaux et les choses dont on parle, autrement que par leur nom ; et ils ont inventé de petits mots qui se mettent généralement à côté des verbes pour faire connaître qui fait l'action, sur qui ou au profit de qui l'action est faite.

Ces petits mots, qui tiennent la place des noms, sont appelés, à cause de cela, des *pronoms*.

Dans ces petites phrases :

Je marche,

Embrasse-*moi*,

Me vois-*tu?*

Assieds-*toi*,

Il te connaît,

Il la regardait,

Elle le remercia,

Nous lui pardonnerions, si *elle se* repentait,

On pense trop à *soi*,

Nous vous avons vu,

Qu'*il les* grondé, *elles le* méritent,.

Ne *leur* parlez pas,

Nous penserons à *eux*,

les mots je, me, moi, tu, te, toi, il, elle, le, la, lui, on, se, soi, nous, vous, ils, elles, les, eux, leur, sont des pronoms.

Les pronoms ont quelque chose des noms, puisqu'ils représentent également des personnes, des animaux et des choses. Il faut donc que dans la couleur du pronom nous retrouvions le jaune, couleur des noms.

Les pronoms se mettent ordinairement à côté des verbes ; il faut que nous retrouvions aussi dans la couleur du pronom le rouge, couleur du verbe. Le jaune, mêlé au rouge, donne l'*orangé*. L'*orangé* représentera donc le pronom.

L'ADJECTIF. — VERT.

Il y a des mots qui servent à exprimer les différentes qualités des personnes, des animaux et des choses, à faire connaître, par exemple, qu'une personne est grande ou petite, bonne ou méchante; qu'un animal est sauvage ou apprivoisé, doux ou féroce; qu'une chose est noire ou blanche, ronde ou carrée.

Ces mots se mettent ordinairement à côté des substantifs ou noms. On les appelle des *adjectifs*.

Il faut que la couleur de l'adjectif rappelle le jaune, couleur du substantif ou nom, et le bleu, couleur de l'union. Le jaune et le bleu forment le *vert*. Nous représenterons l'adjectif par le *vert*.

Il y a deux espèces de mots appelés, l'un l'*article*, l'autre le *participe*. Ce sont de véritables adjectifs qui seront représentés aussi par le *vert*.

L'ADVERBE. — VIOLET.

Il y a des mots qui servent à exprimer la manière

dont se fait une action, à faire connaître, par exemple, qu'une action se fait bien ou mal, vite ou lentement.

La place naturelle de ces mots est d'être auprès du verbe. C'est pour cela qu'ils sont appelés *ad-verbes*.

Nous représenterons les adverbes par le *violet*, formé par le mélange du rouge, qui rappelle le verbe, avec le bleu, qui rappelle l'union.

Voilà les sept espèces de mots parfaitement distinctes dont nous nous servons pour exprimer nos idées. Elles se trouvent représentées par les sept couleurs.

L'INTERJECTION.

Il y a encore les *interjections*, qui expriment l'é-tonnement, la douleur, la fatigue, etc. : ah ! aïe ! ouf ! Mais ce sont plutôt des cris que des mots véritables.

EXERCICES DE MOTS.

I.

1. *Tu* as, *il* a, à ; 2. ah, ha ; 3. ô, oh, ho, os, aû, aux, eau, eaux, aulx, haut, hauts ; 4. ou, où, houe, houes, houx, août ; 5. hue *tu* hues, *ils* huent, eu, eue, eus, eues, *il* eut, *qu'il* eût ; 6. Eu, eux, œufs, heu ; 7. et, eh, hé, *j'*ai ; 8. *tu* es, *il* est, ais, *qu'il* ait, *qu'ils* aient, aie, haie, haies, *je* hais, *il* hait ; 9. y, hie, hies ; 10. an, ans, han, en ; 11. on, *ils* ont ; 12. Ain, hein ; 13. un, uns, Hun, Huns ; 14. Aï, haïe, haïs, haies, *qu'il* haït ; 15. aïe, haïe, ahi ; 16. oui, ouï, ouïe, ouïs, ouïes, *il* ouït, *qu'il* ouït ; 17. oing, *tu* oins, *il* oint, oints, Ouen ; 18. *que vous* ayez ; 19. ayant ; 20. *que nous* ayons ; 21. *hui, huis, Huy ; 22. hase, hases ; 23. as ; 24. ache, hache, haches, *ils* hachent.

II.

1. Anne ; 2. âne, ânes ; 3. halle, halles ; 4. hâle, *tu* hâles, *ils* hâlent, *je* hale, *tu* hales, *ils* halent ; 5. ail, *que tu* ailles, *qu'il* aille, *qu'ils* aillent ; 6. art, arts, are, ares, arrhes, hart ; 7. homme, hommes ;

8. heaume, heaumes; 9. ôde, ôdes; 10. Aude;
11. hotte, hottes; 12. *tu* ôtes, *il* ôte, *ils* ôtent,
hôte, hôtes, haute, hautes; 13. or, ors, hors:
14. *nous* eûmes, *je* hume, *tu* humes, *ils* hument;
15. eu, *vous* eûtes, hutte, huttes; 16. *tu* uses, *il* use,
ils usent; 17. us, *tu* eusses, *ils* eussent; 18. huche,
huches, *ils* huchent; 19. une, unes, hune, hunes;
20. ure, ures, *ils* eurent, hure, hures; 21. œil,
œils; 22. Eure, heur, heure, heures; 23. hem;
24. *tu* aimes, *il* aime, *ils* aiment.

III.

1. aise, aises; 2. ès, esse, Aix; 3. aîne, aînes;
Aisne, haine, haines; 4. elle, elles, aile, ailes;
5. ère, ères, *tu* erres, *il* erre, *ils* errent, hère, hères,
air, airs, aire, aires, haire; 6. il, ils, ile, îles, Illé;
7. *je* hante, *tu* hantes, *ils* hantent, ente, *tu* entes, *ils*
entent; 8. anse, anses, hanse, hanses; 9. anche,
anches, hanche, hanches; 10. onze; 11. once,
onces; 12. onc, oncques; 13. *tu* happas, *il* happa;
14. appas, appât, appâts, *qu'il* happât; 15. aboi,
abois, *tu* aboies, *il* aboie, *ils* aboient. 16. avé, *vous*
avez; 17. avis; havi, havie, havis, havies, *il* havit;
18. avant, avent, avents; 19. ami, amie, amis,
amies, amict, amicts; 20. Aman, amant, amants,
amman; 21. amont, Ammon; 22. athée, athées;

23. *hâter, hâté, hâtée, hâtés; hâtées, *vous* hâtez,
je hâtai ; 24. *tu* hâtais, *il* hâtait, *ils* hâtaient.

IV.

1. *tu* attends, *il* attend ; 2. *hâtant; 3. acier,
aciers, *je m'assieds, il s'assied* ; 4. achat, achats,
tu hachas, *il* hacha ; 5. *qu'il* hachât ; 6. achit, ha-
chis ; 7. Ajan, agent, agents ; 8. acquêt, haquet,
haquets ; 9. ana, Anna, 10! anneau, anneaux ;
11! agneau, agneaux ; 12. année, années ; 13. henni,
je hennis ,, *il* hennit, *qu'il* hennît ; 14. anis ;
15. *allah, *tu* allas, *il* alla ;. 16. *qu'il* allât ;
17. *tu* hâlas, *il* hâla, *tu* halas, *il* hala; 18. *qu'il* hâ-
lât ,, *qu'il* halât ; 19. halo, halos, halot, halots ;
20. aloi, *tu* allouas, *il* alloua; 21., qu'il allouât ;
22. Ali, *tu* allies, *il* allie, *ils* allient ; 23. allier, hal-
lier, halliers, allié, alliée, alliés, alliées, *vous* alliez,
j'alliai ; 24. *tu* alliais, *il* alliait, *ils* alliaient.

V.

1. *vous* hâliez, *vous* haliez ; 2. aller, allé, allée,
allés, allées, *vous* allez, j'allai ; 3. hâler, hâlé, hâlée,
hâlés, hâlées; *vous* hâlez, *je* hâlai, hâler, halé, ha-
lés, halées, *vous* halez; *je* halai ; 4. *tu* allais, *il* allait,
ils allaient ; 5. *tu* hâlais, *il* hâlait, *ils* hâlaient, *tu*

halais, *il* halait, *ils* halaient; 6. *nous* allions; 7. al-
lant; 8. hâlant, halant; 9. *nous* allons; 10. *nous*
hâlons, *nous* halons; 11. aubin, aubins, aubain, au-
bains; 12. hottée, hottées; 13. ôter, ôté, ôtée, ôtés,
ôtées, *vous* ôtez, j'ôtai; 14. *tu* ôtais, *il* ôtait, *ils*
ôtaient; 15. ôtant, autan, autans, autant; 16. *tu*
osas, *il* osa; 17. *qu'il* osât; 18. Ossa; 19. *tu* haus-
sas, *il* haussa; 20. *qu'il* haussât; 21. osier, osiers,
vous osiez; 22. *vous* haussiez; 23. Orion, horion;
horions; 24. *nous* aurions.

VI.

1. wagon, wagons; 2. *nous* usions; 3. *nous* eus-
sions; 4. huchet, huchets, *tu* huchais, *il* huchait,
ils huchaient; 5. épée, épées; 6. épais; 7. Emma;
8. *tu* aimas, *il* aima; 9. *qu'il* aimât; 10. *tu* émies, *il*
émie, *ils* émient, *tu* émis, *il* émit, *qu'il* émît; 11. été,
étés; 12. étai, étais, *tu* étais, *il* était, *ils* étaient, *tu*
étaies, *il* étaie; 13. étang, étangs, étant, *tu* étends,
il étend; 14. étain, étains, étaim, éteint, éteints, *tu*
éteins; 15. écho, échos, écot, écots; 16. ailé, ai-
lée, ailés, ailées, hêler, hêlé, hêlés, hêlées, *vous*
hêlez, *je* hêlai; 17. *tu* hêlais, *il* hêlait, *ils* hêlaient;
18. élan, élans; 19, hêlant; 20. héros, héraut, hé-
rauts; 21. airer, airé, airée; 22. errer, erré, *vous*
errez, j'errai; 23. héron; 24. *nous* errons.

VII.

1. envoi, envois, *tu* envoies, *il* envoie, *ils* envoient ; 2. envi, envie ; 3. Antée, banter, hanté, hantée, hantés, hantées, *vous* hantez, *je* hantai, enter, enté, entée, entés, entées, *vous* entez, *j'*entai ; 4. *vous* hantiez, *vous* entiez, entier, entiers ; 5. *tu* bats, *il* bat ; 6. bât, bâts ; 7. beau, beaux, bau, baux, baud, bauds, bot, bots ; 8. Pô, pot, Pau, peau ; 9. boue, boues, bout, bouts, *tu* bous ; 10. pou, poux, pouls ; 11. pois, poids, poix, pouah ; 12. point, points, poing, poings ; 13. pus, *tu* pues, *il* pue, *ils* puent, *il* put, *qu'il* pût ; 14. puits, puis ; 15. peu, *je* peux, *il* peut ; 16. baie, baies, bey, beys, bai, bais, 17. paix, *tu* pais, *il* paît ; 18. paie ; 19. pis, pie, pies ; 20. pieu, pieux ; 21. biez, bief, biefs ; 22. ban, bans, banc, bancs ; 23. pan, pans, pens, *tu* pends, *il* pend ; 24. bon, bons, bond, bonds.

VIII.

1. pont, ponts, *tu* ponds, *il* pond ; 2. pin, pins, pain, pains, peint, peints, *tu* peins ; 3. *tu* vas, *il* va, Vast ; 4. vos, vaux, veau, veaux, *il* vaut ; 5. Fô, faux, *il* faut ; 6. vous, *tu* voues, *il* voue, *ils* vouent, 7. voix, voie, voies, *tu* vois, *il* voit, *tu* vouas, *il* voua ; 8. foi, fois, foie, foix, fouet ; 9. fût, fûts, *il* fut ;

10. feu, feux, feu, féue, feus, feues ; 11. fée, fées ;
12. fait, faits, faix, *tu* fais ; 13. vie, vies, *tu* vis, *il*
vit, *qu'il* vit ; 14. fi, *tu* fis, *il* fit, *qu'il* fit, *tu* te fies,
il se fie, *ils se* fient ; 15. van, vans, vent, vents,
tu vends, *il* vend ; 16. faon, faons, *tu* fends, *il* fend ;
17. fond, fonds, *ils* font, fonts ; 18. vin, vins,
vingt, vingts, vain, vains, *tu* vaincs, *il* vainc ;
19. fin, fins, faim, faims, *tu* feins, *il* feint ; 20. ma ;
21. mât, mâts ; 22. mot, mots, maux, Meaux ;
23. mou, mous, moue, moues, moût, moûts ;
24. moi, mois.

IX.

1. mue, mues, *ils* muent, *tu* mus, *il* mut, *qu'il* mût ;
2. *tu* mets, *il* met ; 3. méts, mes, mai, mais ; 4. mi,
tu mis, *il* mit, *qu'il* mît ; 5. mon, mont, monts ;
6. main, mains, maint, maints, Mein ; 7. ta ; 8. tas,
9. do, dos ; 10. tôt, taux ; 11. doux, *tu* doues, *il* doue,
ils douent ; 12. toue, toues, tout, tous, touts, toux ;
13. doigt, doigts, *tu* dois, *il* doit, *tu* douas, *il* doua ;
14. toi, toit, toits ; 15. du, dû, due, *il* dut, *qu'il* dût ;
16. tu, *tu* tues, *il* tue, *ils* tuent, *tu* tus, *il* tut, *qu'il*
tût ; 17. de ; 18. deux ; 19. dé, dés, dey, deys ;
20. des, dès, dais ; 21. thé, thés, té ; 22. tes,
taie, taies, têt, têts, test, tests ; 23. dans, Dan,
dent, dents ; 24. tan, tans, tant, temps, *tu* tends, *il*
tend.

X.

1. don, dons, dont, donc, dom ; 2. ton, tons, thon, thons, taon, taons ; 3. thym, teint, teints, *tu* teins, *tu* tins, *il* tint, *qu'il* tint ; 4. sa ; 5. sas, ça ; 6. sot, sots, saut, sauts, seau, seaux, sceau, sceaux ; 7. sou, sous, soûl, soûls ; 8. soi, sois, soit, soie, soies, *qu'ils* soient ; 9. su, sus ; 10. suie, *je* suis, *tu* suis, *il* suit ; 11. ce, se ; 12. ces, ses, *tu* sais, *il* sait, ceps, saie ; 13. ci, si, sis, scie, scies, *ils* scient ; 14. *il* sied, scier, scié, sciée, sciés, sciées, *vous* sciez, *je* sciai ; 15. Sion, scion, scions ; 16. sang, sangs, sans, cent, cents, *tu* sens, *il* sent ; 17. son, sons, *ils* sont ; 18. sain, sains, saint, saints, sein, seins, seing, seings, ceint, ceints, *tu* ceins ; 19. jà, jas ; 20. chat, chats, shah, shahs ; 21. chaud, chauds, chaux ; 22. joue, joues, *ils* jouent ; 23. joie, joies, *tu* jouas, *il* joua ; 24. choix.

XI.

1. jouer, joué, jouée, joués, jouées, *vous* jouez, *je* jouai ; 2. jouet, jouets, *tu* jouais, *il* jouait, *ils* jouaient, 3. je ; 4. jeu, jeux ; 5. jet, jets, jais, geai, geais ; 6. gent, gens, Jean ; 7. chant, chants ; 8. cahot, cahots, chaos ; 9. cou, cous, coup, coups, coût, coûts, *tu* couds, *il* coud ; 10. coi, cois, quoi ; 11. coin, coins, coing, coings ; 12. que ; 13. queue,

queues, queux; 14. gué, gués, gai, gaie, gais, gaies;
15. guet, guets; 16. kan, kans, camp, camps, Caen,
quand, quant; 17. nous, *tu* noues, *il* noue, *ils*
nouent; 18. noyer, noyers, noyé, noyée, noyés,
noyés, *vous* noyez, *je* noyai; 19. nui, nuit, nuits,
tu nuis; 20. ne; 21. nœud, nœuds; 22. né, née,
nés, nées, nez; 23. *tu* nais, *il* naît, 24. ni, nid, nids;
tu nies, *il* nie, *ils* nient.

XII.

1. niais, *il* niait, *ils* niaient; 2. non, nom, noms;
3. la; 4. là, las, lacs; 5. loi, lois, *tu* louas, *il* loua;
6. loin, Loing; 7. lui, *tu* luis, *il* luit; 8. lé, lés, lez;
9. les, legs, lai, lais, lait, laits, laid, laids; 10. lit, lits,
lys, *tu* lies, *il* lie, *ils* lient, *tu* lis. 11. lieu, lieux, lieue,
lieues; 12. liais. *il* liait, *ils* liaient; 13. lion, lions,
Lyon, *nous* lions; 14. lent, lents, Laon; 15. rat,
rats, ras; 16. rot, rots, rôt, rôts; 17. roue, roües,
ils rouent, roux; 18. roi, rois, *tu* rouas, *il* roua;
19. rouet, rouets, *tu* rouais, *il* rouait, *ils* rouaient;
20. ru, rus, rue, rues, *ils* ruent; 21. ré, Rhé, rez;
22. raie, raies, rets, *ils* raient; 23. rayon, rayons,
24. riz, *tu* ris, *il* rit, *ils* rient, *que tu* ries, *qu'il* rie.

XIII.

1. ptyalisme; 2. Psyché; 3. pneumatique, pneu-
matiques; 4. blanc, blancs; 5. plat; plats; 6. bras;

7. pris, prix ; *tu* pries, *il* prie, *ils* prient ; *il* prit, *qu'il* prît ; 8. Weser ; 9. phthisique, phthisiques ; 10. vlan ; 11. fleur, fleurs, *tu* fleures, *il* fleure, *ils* fleurent ; 12. phlogistique, phlogistiques ; 13 vrai, vraie, vrais, vraies ; 14. fruit, fruits ; 15. phrase, phrases, *ils* phrasent ; 16. mnémonique, mnémoniques ; 17. tzar, tzars ; 18. thlaspi, thlaspis ; 19. drapeau, drapeaux ; 20. travail, travails, *tu* travailles, *il* travaille, *ils* travaillent ; 21. sceptre, sceptres ; 22. sbire, sbires ; 23. spasme, spasmes ; 24. svelte, sveltes.

XIV.

1. sphère, sphères ; 2. smille, smilles ; 3. statue, statues, *ils* statuent, statut, statuts ; 4. strapontin, strapontins ; 5. scabieuse, scabieuses ; 6. squirre, squirres ; 7. sclérotique ; 8. scribe, scribes ; 9. sloop, sloops ; 10. shérif, shérifs ; 11. schnapan, schnapans ; 12. schlague ; 13. xérophagie ; 14. czar, czars ; 15. gnome, gnomes ; 16. knout ; 17. glace, glaces ; *ils* glacent ; 18. glas ; 19 clore, chlore ; 20. gros ; 21. cri, cris, cric, crics, crid, crids, *tu* cries, *il* crie, *ils* crient ; 22. kreutzer, kreutzers ; 23. crême, *tu* crêmes, *il* crême, *ils* crêment, chrême ; 24. Rhin.

Paris. — Imprimerie d'E. Duverger, rue des Grés, n° 11.

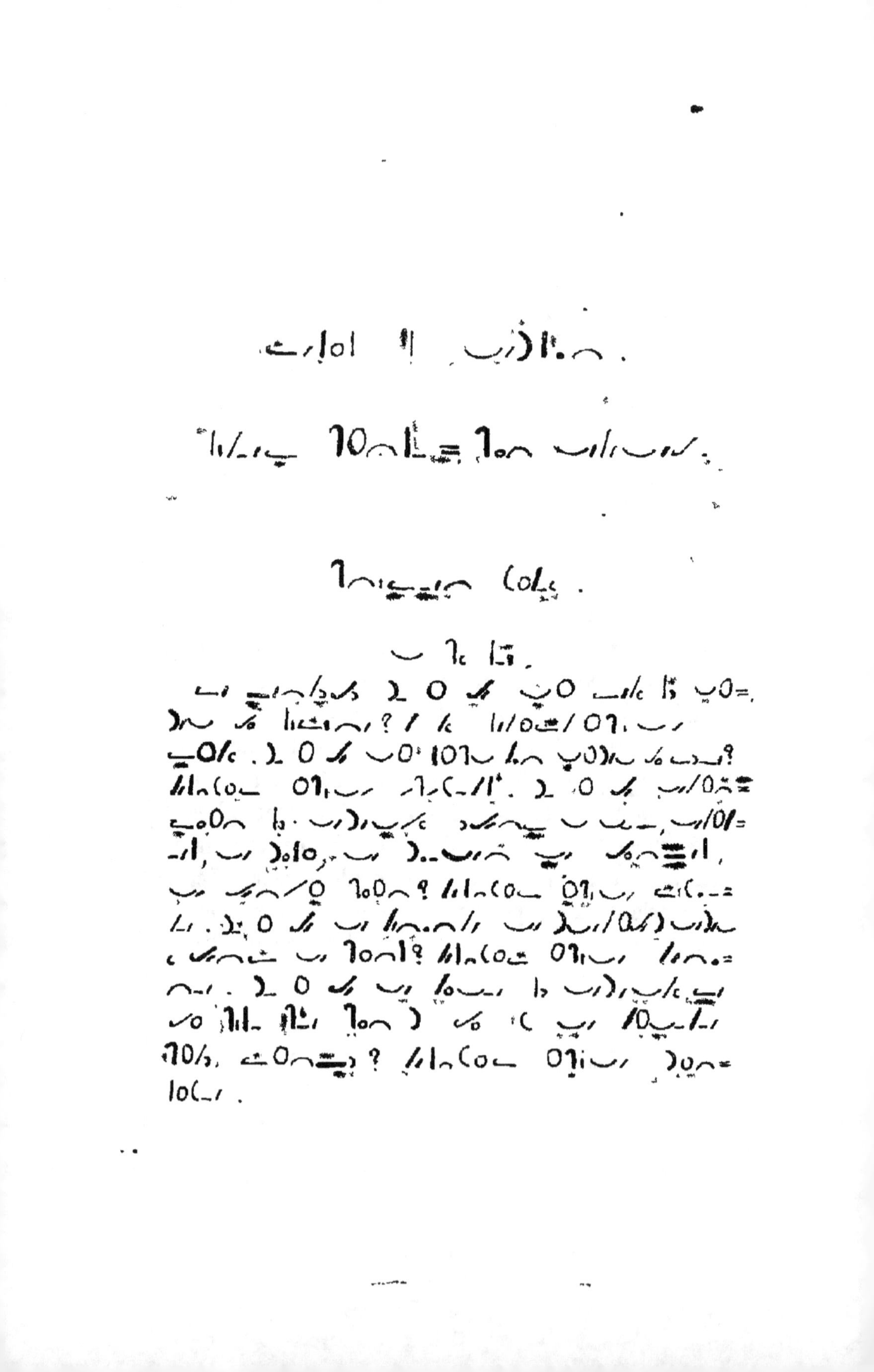

[illegible]

[illegible]

[illegible]

[illegible]

[illegible]
[illegible]
[illegible]
[illegible]
[illegible]
[illegible]
[illegible]
[illegible]
[illegible]
[illegible]
[illegible]
[illegible]
[illegible]
[illegible]

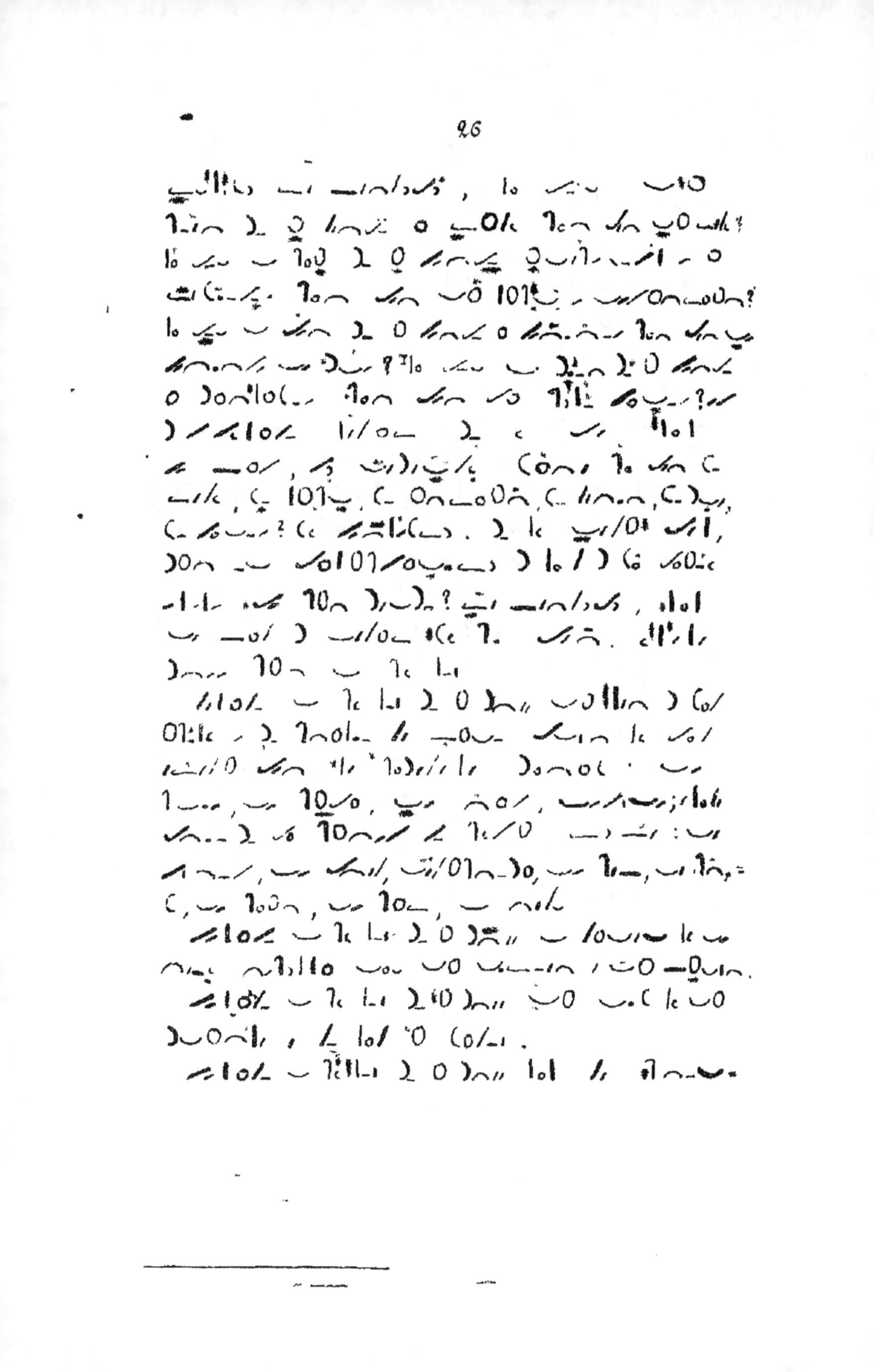

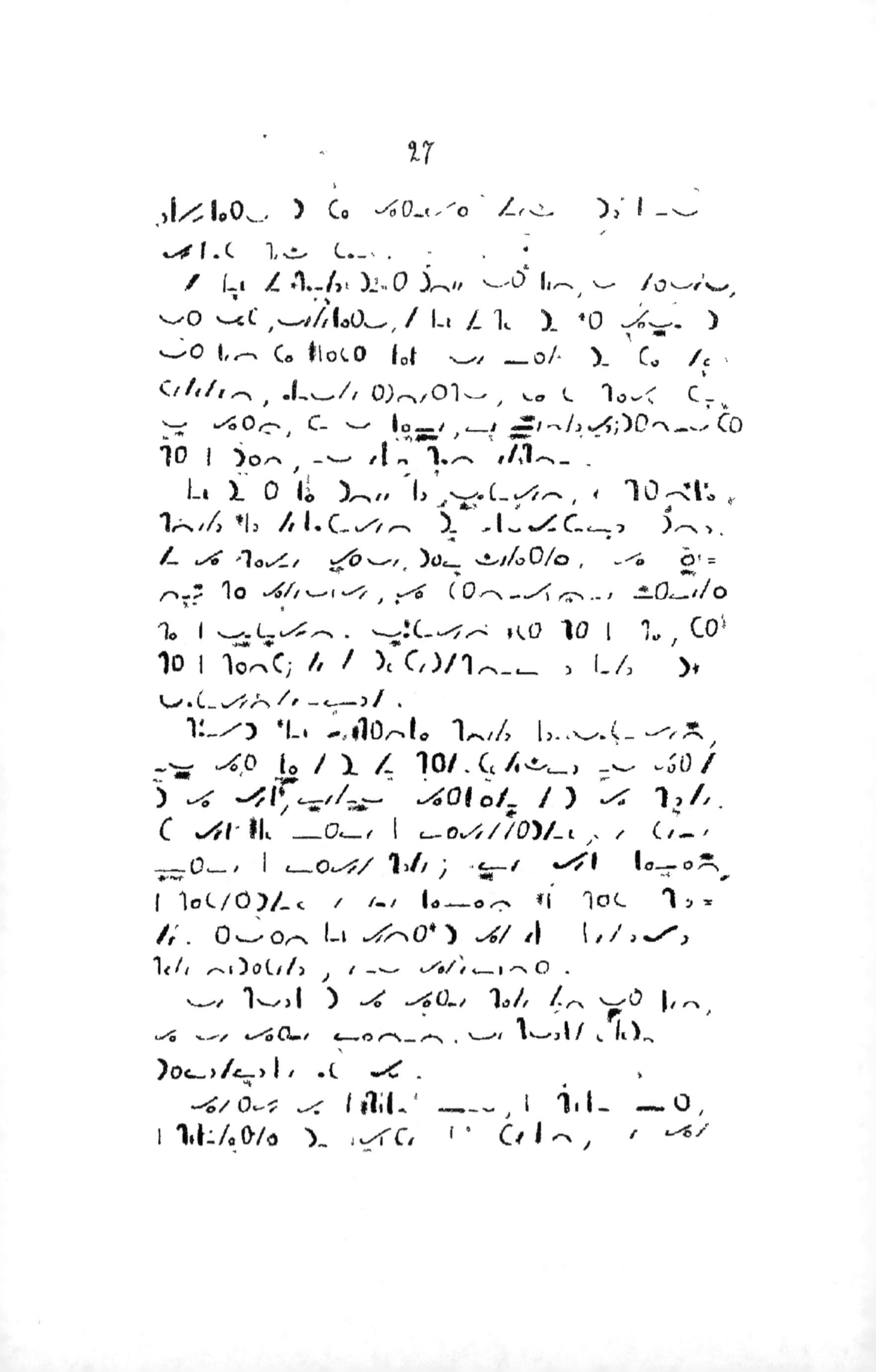

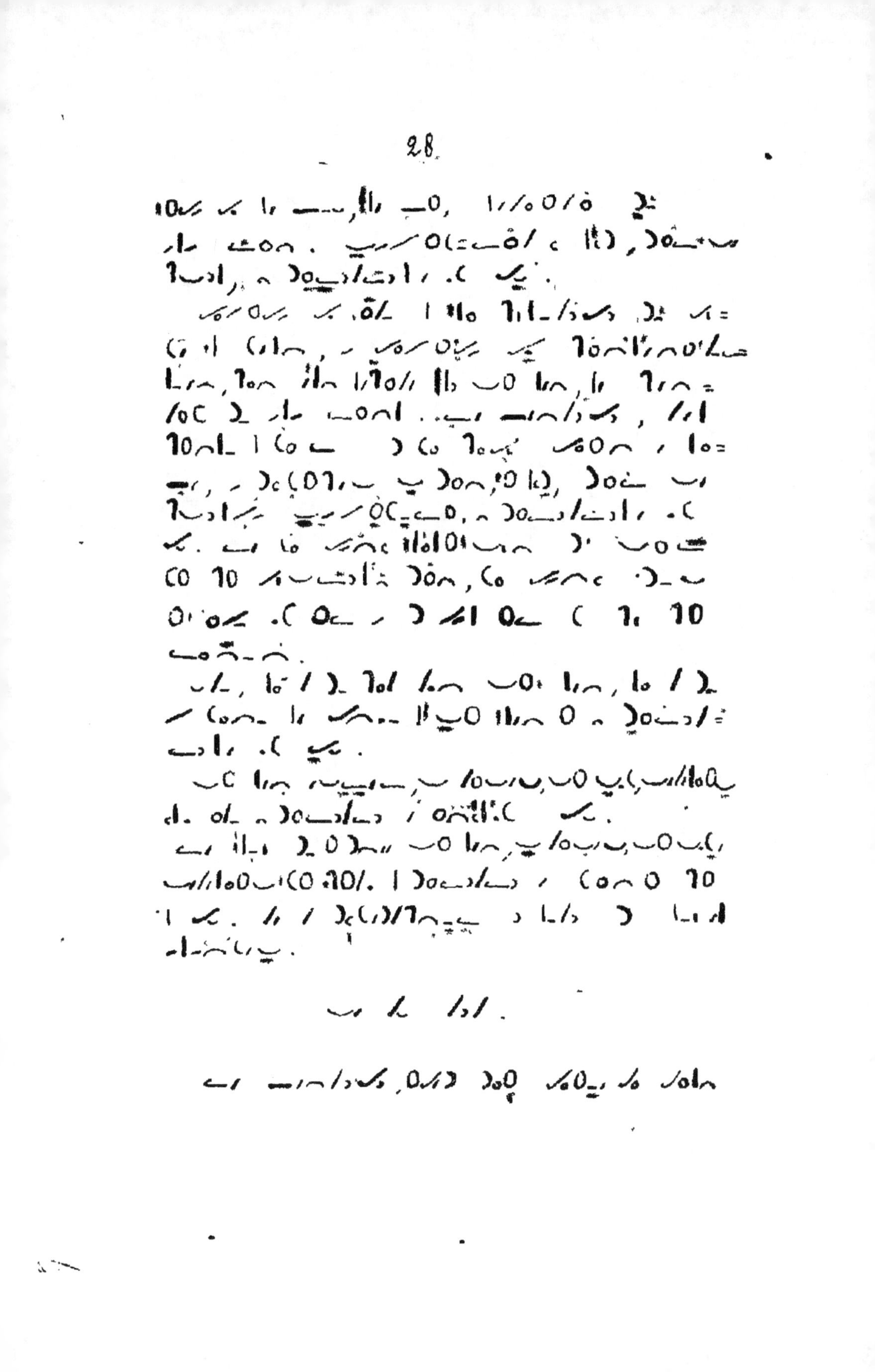

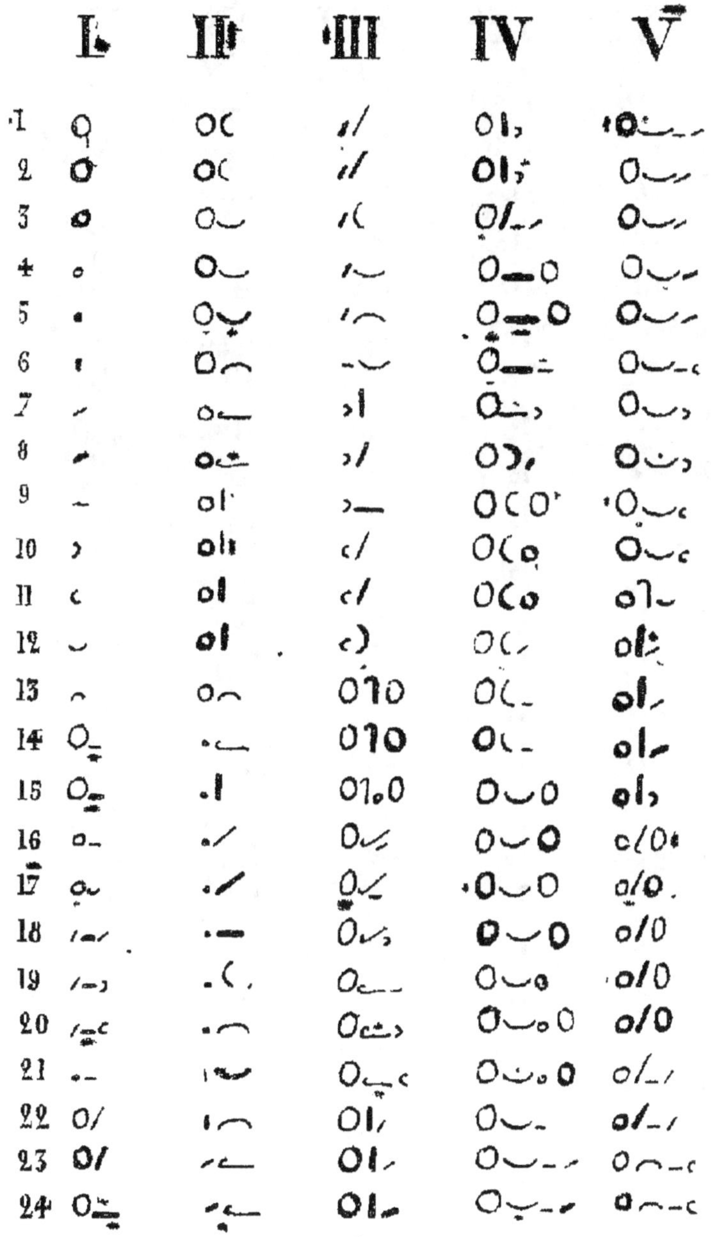

	I	II	III	IV	V
1					
2					
3					
4					
5					
6					
7					
8					
9					
10					
11					
12					
13					
14					
15					
16					
17					
18					
19					
20					
21					
22					
23					
24					

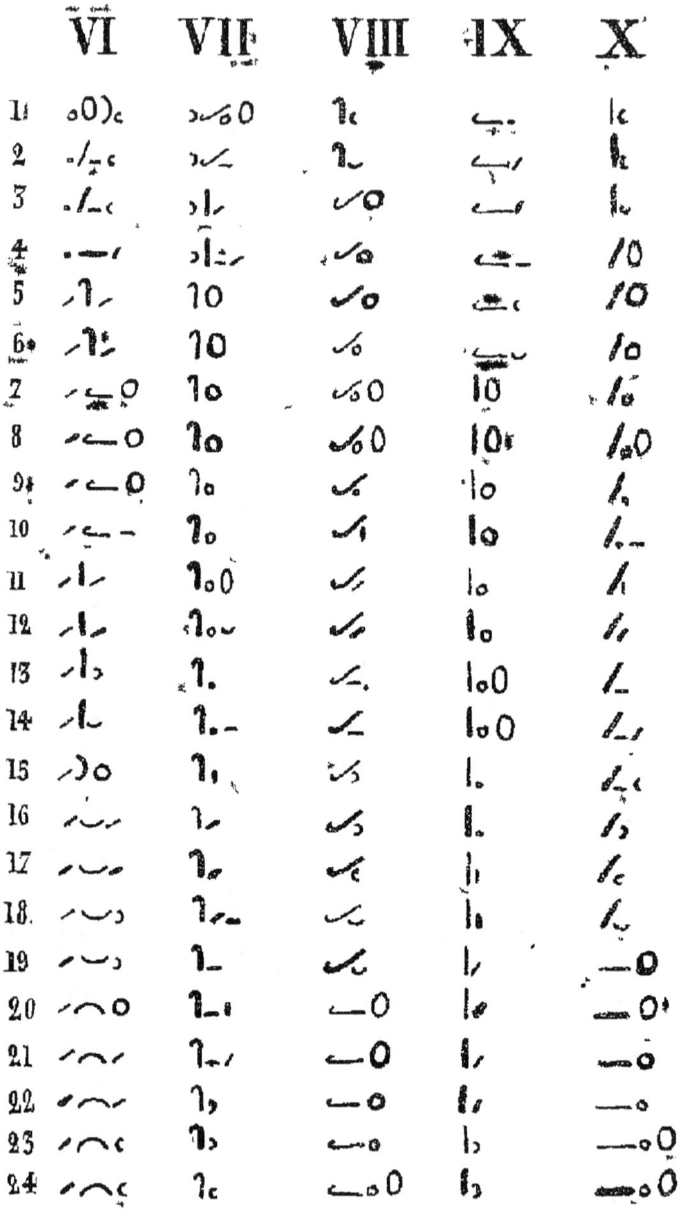

	VI	VII	VIII	IX	X
1					
2					
3					
4					
5					
6					
7					
8					
9					
10					
11					
12					
13					
14					
15					
16					
17					
18					
19					
20					
21					
22					
23					
24					

	XI	XII	XIII	XIV
1				
2				
3				
4				
5				
6				
7				
8				
9				
10				
11				
12				
13				
14				
15				
16				
17				
18				
19				
20				
21				
22				
23				
24				

Lith. Adoul,r Geoffroy L'aînien

OUVRAGES DU MÊME AUTEUR.

Cahiers mnémoniques destinés à recevoir la mention ou l'analyse des faits dont on veut retenir la date. — Chaque feuille
représentant par des images les 100 années d'un siècle. 10 c.

Jeu mnémonique. Échiquiers, fichets et jetons coloriés ren-
fermés dans une boîte. . . . . 7 fr.

Art de retenir les dates, avec tableau emblématique de tous
les siècles. . . . . 50 c.

Tableau mnémonique dans lequel les personnages illustrés
de la France sont, au moyen de couleurs et d'images, classés
par catégories et par siècles. . . . . 25 c.

Carte généalogique des quatre familles qui ont régné sur la
France. . . . . 40 c.

Tableaux chronologiques de l'histoire de France. . 60 c.

Exposé des méthodes de *Phono-Sténographie*, de *Mnémotechnie* et de *Tonographie*.

COURS ET LEÇONS

Sténographie, Mnémotechnie et **Tonographie** enseignées
en dix leçons. 50 fr.

Leçons de lecture d'après la méthode de M. Grosselin les
mardis et vendredis, de midi à deux heures, rue Saint-
Honoré, 315. Par mois. . . . . 10 fr.

Paris. — Imprimerie d'E. Duverger, rue des Grès, 11.